Eine Nacht bei den Dinos

Eine Nacht bei den Dinos

NEUER FAVORIT VERLAG

Es ist Samstagabend. Ben sitzt
auf dem Boden und spielt mit
seinen Dinos. Er weiß alles über
Dinos: wie groß und wie schwer
sie waren und wie sie heißen.
Die Dinos haben seltsame Namen,
aber Ben kennt sie alle. Darauf
ist er sehr stolz!

Ben weiß auch, wann die Dinos
gelebt haben, nämlich vor vielen
Millionen Jahren! So eine lange
Zeit kann er sich nicht vorstellen.

Denn Ben ist gerade mal sechs Jahre alt.

Ben hat viele Bücher über Dinos und betrachtet gerne die Bilder. Lesen kann er leider noch nicht. Er kommt erst im nächsten Jahr in die Schule. Aber zum Glück hat er eine große Schwester! Ben liebt es, wenn Mira ihm aus seinen Dino-Büchern vorliest. Dann hört er genau zu und merkt sich alle Namen.

Mira hat ihm versprochen,
heute eine lange Geschichte
vorzulesen. Wo sie nur bleibt?
Ben holt schon mal das dicke
Dino-Buch aus dem Regal
und klettert in sein Bett.

Endlich geht die
Tür auf und Mira
kommt herein. Sie
setzt sich zu Ben und
schlägt das Buch auf.

Schon kommt Bens Hund Diego angeflitzt und auch Kater Oskar schleicht herein. Mira liest vor und alle hören zu.

Wie es wohl wäre, in die Zeit der Dinos zu reisen? Ben stellt sich vor, er würde einem riesigen Brontosaurus begegnen ... Da ist er auch schon eingeschlafen.

Mira hat ihm fest versprochen,
dass sie morgen zusammen
Tennis spielen. Da muss Ben
sehr früh aufstehen und gut
ausgeruht sein.

Mira macht das Licht aus und
geht leise hinaus. Diego hat
sich inzwischen ans Fußende
von Bens Bett gelegt. Er träumt
von einem großen Dino-Knochen.

Auch Oskar ist eingeschlafen und träumt von einer fetten Maus.

Wovon Ben wohl träumt?

Frage 1

Wie heißt Bens große Schwester?

D: Mira

L: Anna-Lena

Als Ben aufwacht, sieht
er sich erstaunt um.
Was für ein tolles Zimmer!
Es sieht aus wie eine
Steinzeit-Höhle!

Am besten gefällt ihm
die Hängematte. So eine
hat er sich schon immer
gewünscht. Auch den
Blättervorhang am
Höhleneingang findet
er klasse!

Plötzlich hört Ben hinter sich
eine Stimme: „Willkommen im
Land der Dinos! Ich heiße Lila,
und wer bist du?" Es ist ein
kleiner Velociraptor, das sieht
Ben sofort. Schließlich kennt
er sich aus mit Dinosauriern.

Ben sagt seinen Namen, doch
das Velociraptor-Mädchen
redet munter weiter: „Nun komm

endlich, du Schlafmütze! Lass uns rausgehen und Steinball spielen! Draußen scheint die Sonne!"

Ben zögert. Soll er sich wirklich hinauswagen? Es ist alles so fremd hier. Und er ist doch heute mit Mira zum Tennisspielen verabredet.

Wo ist eigentlich Diego?

Draußen vor der Höhle liegt Diego. Er ist eben aufgewacht. Erstaunt sieht er sich um. Wo ist er denn hier gelandet? Und wieso gibt es überall Dinosaurier?

Zum Glück liegt da Bens Roller.
Also muss Ben in der Nähe
sein. Diego bellt laut, damit Ben
endlich aufwacht. Dann können
sie zusammen losziehen. Diego
würde sich die beiden großen
Apatosaurier gerne mal aus
der Nähe ansehen.

Und wer weiß, vielleicht finden
sie ja unterwegs einen schönen
großen Dino-Knochen!

Diegos Magen knurrt schon vor
Hunger und durstig ist er auch.
Diego wird ungeduldig. Ben soll
jetzt endlich kommen!

Frage 2

Wie heißt das Velociraptor-
Mädchen?

B: Rosa

I: Lila

Da ist er ja! Ben
schnappt sich den
Roller und flitzt los.
„Komm, Diego, wir
gehen angeln!",
ruft er.

Sie sausen den Berg
hinunter – vorbei an
einem Triceratops
und direkt auf einen
Ankylosaurus zu.

Verwundert schauen die Dinos
den beiden hinterher. So etwas
haben sie noch nie gesehen:
ein Stück Holz, das rollen kann,
und zwei seltsame Wesen ohne
Hörner, Schuppen oder Stacheln.

Die seltsamen Wesen sehen
eigentlich recht freundlich aus.
Mal sehen, wie es mit den
beiden weitergeht.

Ben und Diego haben inzwischen ganz schön Hunger bekommen. Leckeres Müsli wie zu Hause scheint es hier nicht zu geben.

„Vielleicht fangen wir ja einen fetten Fisch", meint Ben. „Dann machen wir ein Feuer und braten ihn zum Frühstück."

Ben wirft seine Holzangel
aus und – zack! Schon
hat ein dicker Fisch
angebissen!

Diego läuft das Wasser im Mund zusammen! Aber zuerst muss der Fisch an Land gezogen werden. Und das ist gar nicht so einfach. Der Fisch ist nämlich riesengroß! Ben hält die Angel mit aller Kraft fest.

Am Ufer gegenüber steht ein Triceratops und sieht neugierig zu. Ob das seltsame Wesen es wohl schaffen wird?

Da bemerkt Ben ein großes
Ei, das neben dem Fisch
schwimmt. Was macht denn
das Ei im Fluss?

Plötzlich zerrt der Fisch an der
Angel und Ben fällt ins Wasser!
Eigentlich hatte er nicht vor, zu
baden!

Frage 3

Aus welchem Material ist
Bens Angel?
N: Holz
O: Metall

Oje, jetzt treibt Ben auch noch
auf den Wasserfall zu! Und dann
passiert es: Ben, der dicke Fisch
und das Ei wirbeln den Wasserfall
hinunter – und landen genau auf
dem Kopf eines Brachiosaurus!

Zum Glück kann Ben in letzter
Sekunde das große Ei festhalten.
Es wäre sonst wohl zerbrochen,
genau wie seine Angel!

Auch der dicke Fisch ist auf dem
Brachiosaurus gelandet. Aber
der findet das eher lustig. Er
hat ja auch allen Grund, sich
zu freuen: Er hat seine Freiheit
wieder und Ben muss sich nun
ein anderes Frühstück suchen!

Doch Ben hat im Moment andere
Sorgen. Wie soll er nur aus dem
tiefen Fluss wieder herauskommen?

Plötzlich gibt es einen Ruck. Schnell
hält sich Ben mit der einen Hand an
dem Dino fest und mit der anderen
drückt er das Ei an sich.

Husch! Der Brachiosaurus hebt den
Kopf und Ben wird ganz weit nach
oben geschoben.

Der freundliche Brachiosaurus setzt Ben genau an der Stelle ab, wo er vorher ins Wasser gefallen war. Diego bellt freudig, als er Ben wiedersieht!

Er hat sich schon Sorgen um
seinen Freund gemacht. Ben kann
doch noch gar nicht schwimmen!

„Vielen Dank, dass du mich
gerettet hast", sagt Ben zu dem
freundlichen Brachiosaurus.
Wie gut, dass der Dino so einen
langen Hals hat!

Diegos Magen knurrt immer lauter
und er will endlich frühstücken.

„Komm!", ruft Ben ihm zu. „Dort
hinten im Wald finden wir vielleicht
ein paar Nüsse oder Früchte."

Frage 4

Welcher Dino hebt Ben und
das Ei aus dem Wasser?
K: ein Triceratops
O: ein Brachiosaurus

Im Wald gibt es leider nichts
Essbares. Ein Corythosaurus
schaut hinter einem Baum hervor.
Was die beiden wohl mit dem
Ei vorhaben? Kracks! Plötzlich
bekommt das Ei einen Riss!

Ben erschrickt. „Jetzt habe ich das schöne Ei kaputt gemacht", sagt er zu Diego.

Er hält das Ei ganz vorsichtig, aber es hilft nichts: Es knackt fürchterlich und der Riss wird immer größer.

Auf einmal bellt Diego ganz aufgeregt. „Was ist denn los?", will Ben wissen.

Doch da sieht er es selbst: Aus
dem Ei lugt eine kleine grüne
Schwanzspitze hervor! Dann fällt
die Schale ganz ab und heraus
kommt – ein kleiner Baby-Dino!

Neugierig schaut er sich um.
„Wo ist meine Mama?", fragt
er ein wenig ängstlich. Ben
sagt sanft: „Hab keine Angst,
Kleiner, wir werden deine
Mama schon finden."

Diego gefällt der kleine Dino. Er wedelt mit dem Schwanz und will mit ihm spielen.

„Wir müssen erst seine Mama suchen", meint Ben. „Sie wird ihr Ei schon vermisst haben." Aber wo sollen sie mit der Suche beginnen?

„Weißt du, wo du zu Hause bist?", fragt Ben den kleinen Dino. Der Baby-Dino schüttelt traurig den Kopf und sagt: „Ich weiß nur,

dass alles gewackelt hat und
ich – Platsch! – ins Wasser
gefallen bin."

Als der Corythosaurus das hört,
rät er ihnen: „Der Weg hier führt
in die Berge. Schaut doch dort
mal nach."

Ben, Diego und der kleine Dino machen sich auf den Weg. Sie treffen einen Stegosaurus und einen Triceratops. Aus einem ihrer Eier schlüpft gerade ein Baby-Dino, der aber ganz

anders aussieht als der kleine
Dino. Das kann also nicht seine
Familie sein!

Wusch! Plötzlich hören sie lautes Flügelschlagen. Direkt neben ihnen landet ein Flugsaurier, ein Pteranodon.

„Ich weiß, wo ihr seine Mama findet", sagt er. „Dort hinten, bei den drei Vulkanen, wohnt Frau Tyrannosaurus. Ich habe gehört, dass sie ein Ei sucht. Es ist bei einem Erdbeben weggerollt."

Der kleine Dino freut sich und will sofort loslaufen. „Warte!", ruft Ben. „Die Vulkane sind zu weit weg zum Laufen. Wie sollen wir nur dorthin kommen?"

Frage 5

Wo wohnt Frau Tyrannosaurus?

M: bei den Seen

L: bei den Vulkanen

„Kein Problem! Steigt einfach auf meinen Rücken und ich fliege euch zu den Vulkanen", sagt der Pteranodon. Das ist eine tolle Idee!

Ben und der kleine Dino
klettern auf seinen Rücken.

Der Flugsaurier hält Diego mit
seinen Krallen fest. Diego ist noch
nie geflogen und hat ein wenig
Angst. „Los geht's!", ruft ihnen
der Pteranodon zu. Dann breitet
er seine Flügel aus und fliegt
davon!

Die kleinen Dino-Kinder sehen
ihnen ein wenig neidisch nach:
Sie würden auch gerne mal
fliegen.

Ben, Diego und der kleine Dino
schweben nun über das weite
Tal zu den Vulkanen. Nur gut,
dass die Vulkane im Moment
kein Feuer spucken. Das tun sie
nämlich öfter und dann wird es
dort oben ganz schön heiß!

Die Bewohner des Dino-Tals
haben Angst vor den Vulkanen
und ihrem Feuer!

Der Pteranodon landet auf einem
Felsvorsprung in der Nähe.

Diego ist froh, dass er wieder festen Boden unter seinen vier Pfoten hat. Das Fliegen ist ihm gar nicht bekommen. „Schau mal!" Ben deutet hinunter ins Tal. „Das könnte deine Mama sein!"

Dort steht eine riesengroße Tyrannosaurus-Dame. Sie sieht sehr unglücklich aus. Dicke Tränen laufen ihr über das Gesicht. Sie jammert: „Wo ist nur mein Baby?"

Der kleine Dino ist überglücklich. Er jubelt: „Juhuu! Wir haben meine Mama gefunden!" Aber wie sollen sie von dem hohen Fels hinunter ins Tal kommen?

Sie sehen den Pteranodon fragend an. „Na gut", meint der Flugsaurier, „ich habe zwar Angst vor den Vulkanen, aber ich fliege euch hin."

Frage 6

Wo steht die Mutter des kleinen Dinos?

A: unten im Tal

N: oben auf den Vulkanen

Frau **Tyrannosaurus** traut ihren Augen nicht: Der kleine grüne Kerl kann doch nur ihr Baby sein! Aber wer sind die beiden seltsamen Wesen, die ihn begleiten?

Ben erzählt der Tyrannosaurus-Dame die ganze Geschichte: wie er das Ei gefunden hat, wie der kleine Dino aus dem Ei geschlüpft ist und wie der Pteranodon ihnen geholfen hat.

Frau Tyrannosaurus ist glücklich und bedankt sich bei Ben, Diego und dem Flugsaurier. Auch die Dino-Nachbarn, ein Stegosaurus und ein kleiner Ankylosaurus, freuen sich, dass der kleine Dino wieder zu Hause ist.

Ben und Diego verabschieden sich von ihren neuen Freunden. Nach all den Abenteuern wollen sie jetzt zurück nach Hause. Und Hunger haben sie auch. Vor allem Diego knurrt ganz schön der Magen.

„Wie finden wir denn jetzt zu unserer Höhle zurück?", fragt Ben und schaut Diego ratlos an. Da hört er auf einmal Stimmen.

„Guten Morgen! Zeit zum
Aufstehen!" Ben reibt sich die
Augen. Ist das nicht Mamas
Stimme? Aber wo ist seine Höhle?

Bens Mama zieht die Vorhänge auf. Ui, wie das blendet! Da ist ja auch seine Schwester. „Nun mach schon!", drängelt Mira. „Wir müssen gleich los!"

Schnell schließt Ben wieder die Augen. Er denkt an den kleinen Dino und seine Abenteuer im Dinoland. Hat er das etwa nur geträumt?

Diego zerrt an Bens Bettdecke.
Ihm reicht's: Er will jetzt endlich
sein Futter. Sofort!

Frage 7

Wer zerrt an Bens Bettdecke?

N: Diego
P: Mira

Frage 8

Wohin geht Ben nach dem Aufstehen mit seiner Schwester Mira?

G: zum Schwimmen

D: zum Tennisspielen

Hast du die Geschichte
aufmerksam gelesen?
Dann kannst du bestimmt
das Lösungswort eintragen:

___ ___ ___ ___ ___ ___ ___ ___
1   2   3   4   5   6   7   8

© 2018 design cat GmbH

Genehmigte Lizenzausgabe
NEUER FAVORIT VERLAG GmbH
Industriestraße 19
64407 Fränkisch-Crumbach 2018
www.neuer-favorit-verlag.de

Idee und Projektleitung: Sonja Sammüller
Layout, Satz und Umschlaggestaltung:
design cat GmbH
Illustration: Marlon Epes

ISBN 978-3-8494-7016-6